マカベアリスの
パンチニードル
レッスン帖

くわしい解説と作品 **47**

contents

いろいろなモチーフ

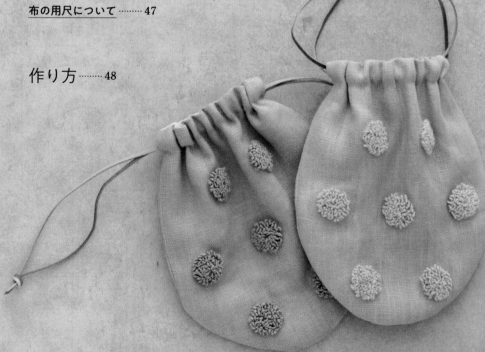

CHAPTER 1

パンチニードルレッスン

パンチニードルって？

刺しゅう糸や毛糸を通した専用のニードルペンを、
布にプスプスと刺していく新感覚のハンドメイド。
刺した裏側にループができ、そのループで模様を作っていきます。

パンチニードルに
手刺しゅうを
組み合わせる楽しみも。

ループをカットすると6本どりの
刺しゅう糸が広がって、
ベルベットのような質感を楽しめる。

針を刺した面を表に使うと、
ループ面との凹凸で
効果的な表現ができる。

パンチニードルの魅力は、
刺しゅうよりずっと早く
面を刺し埋められること。
さまざまな模様を作る楽しみが
広がります。

パンチニードルについて知っておきたいこと

いくつかパンチニードルに特有な事柄があります。代表的なのがここに挙げたこと。
くわしくはこのあとのページで解説していますが、まずはこの6つを頭に入れましょう。

1.専用の用具が必要です→p.6

ニードルペン、糸通し、刺しゅう枠
が必ず使う3点セット。大きい図案
には写真奥の四角いスクエアフープ
を使います。

2.図案は布の裏に写します→p.7

図案は針を刺す面＝布の裏に
写します。刺しゅうとの大き
な違いがここ。ループは針を
刺すのとは反対面にできます。

3.図案より大きな枠を使います→p.8

4.布をピンと張ることが何より大切→p.8〜9

うまく刺すためのもっとも大切なコツのひとつ。
とにかく布をしっかり引っ張って枠にはめます。

パンチニードルの上には枠をかけ
られないので、はじめから図案よ
り大きな枠を使います。

5.針を刺す向きに気をつけて→p.11

パンチニードルの針には
向きがあります。針が斜
めにカットされているほ
うを進行方向に向けます。

6.刺した面の反対面にループができます→p.11

本書の作品は主にループがで
きる面を表に使っているので、
作品の裏を見ながら針を刺し
ていくことになります。

Lesson1
用具と材料

パンチニードルにはニードルセットと四角い枠が必要です。
それ以外の用具と材料は刺しゅうにもよく使うものです。

必要な用具

パンチニードルペン
本体とS・M・Lの3本の針、専用糸通しがセットになっている（Lサイズの針は本体にセット済み）。本書の作品はすべてMサイズの針を使う。

刺しゅう枠
パンチニードルは必ず枠を使って刺す。ワンポイントの小さい図案には直径12cm程度の丸い枠を、それ以外は四角い枠（スクエアフープ）を使う。四角い枠はS（28cm角）とL（43cm角）がある。

複写紙
布に図案を写すときに使う。

フランス刺しゅう針
刺しゅうをする作品に使う。さまざまな太さが取り合わせになったタイプが便利。

布を枠にピンと張るためのアイテム

自着性包帯
「貼る包帯」「くっつく包帯」などの商品名で売られている、粘着性のある包帯。

滑り止めシート
家具や食器などの下に敷いて使う滑り止めシート。

印つけペン──────布に直接印をつけるときに使う。フリクションなどあとから熱で消せるタイプのペンが便利。
マイナスドライバー──────丸い刺しゅう枠をきつく締めるときに使う。
裁ちバサミ──────布を裁つときに使う。
小バサミ──────糸始末をする糸切りバサミと、ループをカットする際に使う、糸切りバサミよりひと回り大きいサイズのハサミを用意する（p.19参照）。
ボンド──────刺した糸が抜けてしまわないように、仕上げに裏からボンドを塗って固定する。布に使えるタイプを選ぶ。
トレーシングペーパー──────図案をトレーシングペーパーに写し、写した図案をなぞって布に転写する。
トレーサー──────図案を布に転写するときに使う鉄筆。インクが出なくなった油性ボールペンでも代用できる。

材料

布…本書ではパンチニードルが刺しやすい厚手のシーチング、リネン、コーデュロイと、裏布用にフェルトを使用。薄手の布、化繊は刺しづらいので向かない。

シーチング
刺し埋める作品は、すべて厚手のシーチングを使用。張りがあって刺しやすいので、初心者にもおすすめ。

リネン
中肉でやや張り感のあるリネンが適している。

（実物大）

コーデュロイ
目が詰まっているので刺しやすく、起毛しているので滑りにくい。畝の細いものがおすすめ。

25番刺しゅう糸
本書のパンチニードルは25番刺しゅう糸を使用。刺しゅうよりも糸を多く使うので、作り方ページに使用束数を記載している。

Lesson2
図案を写す

基本的にパンチニードルは布の裏から刺すので、裏に図案を写します。
そのため、作り方ページの図案は作品と左右が反転しています。

片面に写す作品　パンチニードルだけで完成する作品・パンチニードルの上から刺しゅうをする作品

1 図案はこのように左右が反転している。

2 トレーシングペーパーに図案を写し、布の裏にのせてまち針でとめる。図案と布の間に複写紙をはさんで、トレーシングペーパーの上にセロハンをかぶせてなぞる。

3 図案が写せたところ。こちらが布の裏で、この面にパンチニードルを刺していく。

両面に写す作品　パンチニードルのあと、布に刺しゅうをする作品

1 「片面に写す作品」の2と同様に、布の裏に図案を写す。

2 あとから刺しゅうをする作品は、刺しゅう部分の図案を布の表に写す。
1で写した図案をライトテーブルを使ったり（写真右）、窓に当てて光に透かしたりして写すとよい。
パンチニードルのあとに複写紙で布の表に図案を写すのは難しいので、最初から表に刺しゅう図案を写しておく。

濃い色の布

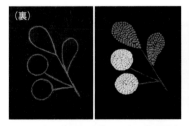

1 白の複写紙を使って布の裏に図案を写し、パンチニードルを刺す。

2 布の表に白い印つけペンで、図案を見ながら刺しゅう部分を描いていく。

表裏がはっきりしている布

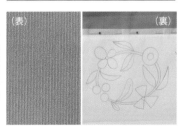

コーデュロイのように表裏がはっきりしている布は、うっかり表に図案を写さないよう注意が必要。布の裏を見ながら刺していくので、図案も裏に写す。

7

Lesson3
布を枠に張る

パンチニードルは布を枠に張らないと刺すことができません。
そして、枠に布をピンと張ることがとても大切です。
布は刺していくうちにゆるんでくるので、
ゆるんできたらその都度張り直すようにしましょう。

枠の選び方

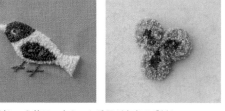

パンチニードルは厚みがあり、刺した上に枠をかけられない。そのため、図案全体が収まる枠を使う必要がある。ただし小さな図案に大きな枠を使うと、その分布が余計に必要になるので注意。

丸い刺しゅう枠は、大きいと手元が安定せず刺しづらい。小ぶりな直径12cm程度の枠を使い、この大きさに収まる図案を刺すときに使う。

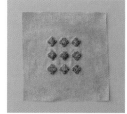

四角い枠は大きな図案はもちろん、小さな図案の集合でも使う。図案ひとつなら小さな丸い枠でもOKだが、集合になった場合、刺した部分を避けながら丸い枠をはめることはできないので、最初から大きな枠を使う。左の写真は布をカットしているが、枠にはめるために最初は大きな布が必要。

ピンと張るための工夫

四角い枠　　　　　　　　　　　　**丸い枠**

パンチニードルは布に押し当てるように刺すため、枠に布をそのまま張るだけでは、布が徐々にゆるんできてしまう。ピンと張った状態を保つのにおすすめなのが、滑り止め効果がある自着性の包帯（p.6参照）。少しずつずらしながら巻いていく。四角い枠には5cm幅程度のものを4本のボールに巻いて貼る。丸い枠には2cm幅程度のものが適当。

家具や食器用の滑り止めシートを小さく切って4カ所にはさんでも布をピンと張った状態を保てる。

四角い枠の張り方

参考動画YouTube

1 4本のポールを組み立てて四角にし、布を張る。1辺にカバーをはめ（左）、向かい合う辺の布を引っ張りながらカバーをはめる（右）。

2 もう2辺も同様に布を引っ張りながらカバーをはめる。

四角い枠を使うときは…

四角い枠を使って刺すときは、写真のような箱に枠を斜めに立てかけると刺しやすい。箱は高さ10㎝前後のものが適当。動かないようにある程度の重みが必要なため、中にウエイトや本を入れるなど工夫して。

このようにすると、枠が安定してスムーズに刺し進められる。

丸い枠の張り方

参考動画YouTube

1 枠をはめたあと、布を両手でしっかり引っ張る。

2 手でネジを締めたあと、さらにマイナスドライバーできつく締める。

Lesson4
針に糸を通す

刺しゅう糸を通すには、パンチニードルに付属している専用の長い糸通しを使い、筒状になった針の中と針先の穴の2カ所に通します。

参考動画

YouTube

針の太さと糸の本数の関係

針の太さ	適した糸
S	25番刺しゅう糸3本どり
M	25番刺しゅう糸6本どり
L	細めの毛糸など

※本書の作品はMサイズの針を使用。

キャップ

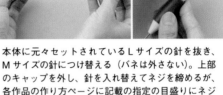

1 本体に元々セットされているLサイズの針を抜き、Mサイズの針につけ替える（バネは外さない）。上部のキャップを外し、針を入れ替えてネジを締めるが、各作品の作り方ページに記載の指定の目盛りにネジの位置を合わせる。

目盛りの数が小さいとループが短く、大きいと長くなる。写真は目盛り2（上）と6（下）で刺したもの。

糸通し

2 針は細い筒状になっており、まずこの筒に糸を通す。針先から糸通しを入れて本体上部のキャップの穴から出し、糸通しの中に糸を通す（右）。

3 糸通しを引き抜くと糸が針先から出てくる。

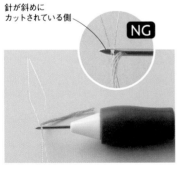

針が斜めにカットされている側

NG

4 次に針先の穴に糸を通す。針の斜めにカットされていない側から糸通しを入れる。

5 糸通しの中に糸を通し、糸通しを引き抜く。

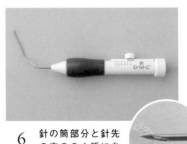

6 針の筒部分と針先の穴の2カ所に糸が通った。

Lesson5
刺してみましょう

参考動画
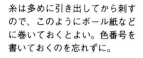
YouTube

最初はコツがつかめず、うまく刺せないかもしれません。
まずは試し刺しをして、コツを習得してから
作品に取りかかるのがおすすめです。

糸は多めに引き出してから刺す
ので、このようにボール紙など
に巻いておくとよい。色番号を
書いておくのを忘れずに。

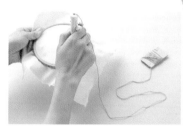

1　糸は多めに引き出しておく。ペン
を持つのと同じように本体を持つ。

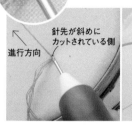

進行方向

針先が斜めに
カットされている側

2　**針が斜めにカットされている側を進行方向
に向けて針を刺す**。根元まで針を刺し込
む（右）。

約3cm

3　枠を裏返して反対面
に出た針から糸端を
3cm程度引き出す。
糸端は引き出したま
まにしておく。

4　針を引き上げるが、このとき**針を
布から離さず**、「すり足」のように
前に進めて次を刺す。針目は2mm
程度が目安。

5　布をピンと張った状態で正しく刺
せると「プスッ、プスッ」と音が
する。「すり足」を意識しながらテン
ポよく刺し進めるのがコツ。

6　1列刺せたところ。こちら側を
「ステッチ面」と呼ぶ。

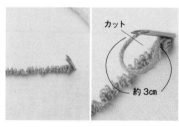

カット

約3cm

7　刺し終わりは針を枠の裏側に出し、
糸を針から3cm程度引き出してカッ
トし、針を抜く。このとき布か
ら出ている糸を引っ張ると糸が抜
けてしまうので気をつけて！

8　こちら側を「ループ面」と呼ぶ。
本書では基本的にループ面を表に
使っていることが多い。

9　刺し始めと刺し終わりの糸端はルー
プの長さに合わせてカットし、
糸が抜けないよう、裏にする面に
ボンドを塗る（p.15参照）。

うまく刺せないとき

解説通りに刺しているのに、うまくできない……。
そんなときは、ここに挙げた項目をチェックしてみましょう。

糸を通す方向

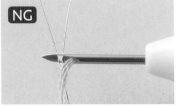

針先の穴に糸を通す方向を間違えると、刺すときに糸を踏んでしまい刺せません。必ず針が斜めにカットされていないほうから糸通しを入れましょう。

糸を出す量

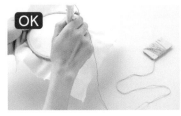

糸は糸巻きから多めに引き出しておきましょう。少ししか出ていないと糸に余計なテンションがかかり、刺しているうちに布から糸が抜ける原因に。刺している途中も確認を。

針を布から離さない

針先は布につけたまま

針先が布から離れている

針を持ち上げて布から離すとループができません。針を進めるときは、「すり足」の要領で針先を布から離さず刺し進めます。

針を根元まで刺す

針は根元まで布にしっかり差し込みます。根元まで差し込まないとループの長さが足りず、きれいなループ面になりません。また、布から糸が抜ける原因にもなります。

布をピンと張る

針を刺すたびにブスブスと歯切れよい音がするのが、布がピンと張れている証。NG例のように針が布に沈み込むようでは、うまく針を出したり引き上げたりできません。

こういうときは？ 失敗した？このまま刺し続けて大丈夫？というときの参考に。

糸が抜けてしまいました

 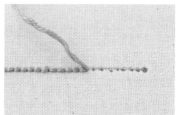

糸が抜けたあとは布に針穴が残り、その部分にもう一度刺しても糸が抜けやすく、再度刺すのは困難。途中で針や糸を引っ張ってしまわないように気をつけましょう。

糸が飛び出ています

ループ面を見たら、飛び出している糸があった……というときはループの高さに合わせてはみ出た部分をカットすればOK。ループにまぎれて気にならなくなります。

糸がバラけました

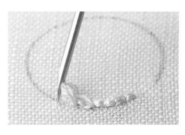

6本どりの糸が途中でバラけてしまうことがあります。こうなると修復するのは難しいので、いったん糸を切って新たに刺しましょう。

中断するときは？

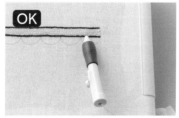 

刺している途中で中断するときは、針を布に刺しておきましょう。糸を垂らした状態で針を置いておくと、次に刺し始めるときに糸を引っ張ってしまいがちです。

CHAPTER 2
円を刺す

円のサンプラー

ランダムに並べたり、大きさを変えたり。
円だけでもいろいろ遊べます。

図案　p.48

A

B

円を刺すレッスン

基本の
刺し方は
p.11

刺し方のコツをつかんだら、次は円を刺してみましょう。
円は水玉から花や実まで、
さまざまな模様を作るのに欠かせません。

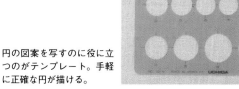

円の図案を写すのに役に立
つのがテンプレート。手軽
に正確な円が描ける。

1 布の裏に図案を写し、図案線に沿って、刺し進める。針目は2mm程度を目安に。針目はそろっているほうが好ましいが、あまり神経質に考えなくても大丈夫。

2 1周刺し進めたら、渦巻き状に2周めを刺し始める。

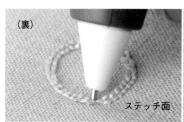

ステッチ面

3 2周めが刺し終わったところ。表は右の写真のようにループができている。

ループ面

4 中心まで刺せたら、針を表側に出す。

5 糸を3cmほど引き出してカットし、針を抜く。刺し始めと刺し終わりの糸はループの高さに合わせてカットする(p.11の9参照)。

6 ステッチ面の全面に、ボンドを薄く塗る。こうすることで糸が抜けてほどけてしまうのを防ぐ。

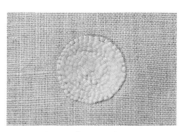

7 ボンドが乾いたら完成。

ドット模様の巾着ポーチ

布と同色の糸を使っても存在感を出せるのは、
立体的なパンチニードルならでは。

作り方　p.48

A

B

C

スイーツブローチ
° ° ° ° ° ° ° ° ° ◦ ◦ ◦ ◦ ◦ ◦ ● ◦ ◦ ◦ ◦ ◦ ◦ ° ° ° ° ° ° ° °

丸く刺し埋めてブローチに。
淡くて優しい色合いで、ほんのり甘いマカロンやドラジェのよう。

作り方　p.50

CHAPTER 3

ループをカットする

A

B

ループカットのサンプラー

円の組み合わせでも、
ループをカットすることで糸が広がり、
クローバーや花のような模様を
作ることもできます。

図案　p.52

ループカットのレッスン

基本の
刺し方は
p.11

ループをカットすると、その部分がベルベットのような
質感に変わり、ループとは違った表情を楽しめます。

ループカットには、
糸切りバサミ（左）
よりひと回り大
きい、長さ12㎝ほ
どのハサミ（右）
が使いやすい。

本書でループカ
ットしている作
品は、すべて針
は目盛り3で刺
している。

（表）　　　　　　　（裏）

1　p.15を参照して円を刺し、ステッチ面にはボンドを塗る。

（表）

2　周囲からカットする。ループの中
　　にハサミを入れるのではなく、高
　　さを1mmほど短くカットするよう
　　に切っていく。

3　周りのループがカットできたら、内側をカットしていく。

4　カットすることで繊維が広がり、
　　質感に変化が生まれる。

5　カットしていると糸くずがかなり
　　散らばるので、小さなブラシや硬
　　めの筆などを用意して、糸くずを
　　払うとよい。

6　カットできたところ。ところどこ
　　ろループが残っていても、それが
　　微妙なニュアンスを醸し出すので、
　　好みに合わせて仕上げればOK。

7　ループが気になるところは、最後
　　にループの中にハサミを入れてカ
　　ットする。

19

白い花のミニバッグ

ジャムビスケットのような、キュートな花模様を並べて。
はっきりとした色の布を選ぶと模様が引き立ちます。

作り方　p.52

すみれのブローチ

ボリュームのあるサイズはウールのコートやストールなど、
冬アイテムにつけるといい感じ。

作り方　p.50

CHAPTER 4

線を刺す

A

B

C

D

E

線のサンプラー

模様をつなげてラインに。2段目と4段目はループカット仕上げです。
レースなどをモチーフにして模様を作るのも楽しそう。

図案 p.58

図案　p.58

線を刺すレッスン

きれいに直線を刺せれば、さまざまなボーダー模様が
表現できるので、パンチニードルの楽しみが広がります。

基本の
刺し方は
p.11

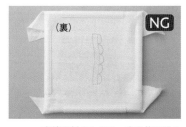

1　直線を刺すときは、布を枠に張る
　のにいっそう注意が必要。写真は
　ピンと張ったものの、模様がよれ
　てしまっている。模様が直線にな
　るように張る。

2　刺しやすい向きで刺せばいいので、縦横どちらに刺し進めても
　OK（写真は横向きで刺している）。図案の端まで刺せたら、2列
　めは枠の向きを変えて同じ方向に刺すと刺しやすい。

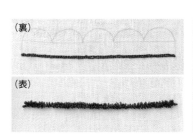

3　2列刺せたところ。写真下はルー
　プができている表側。

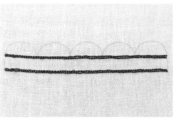

4　最初に同色を上下に2列ずつ刺し、
　その間を埋めていく。

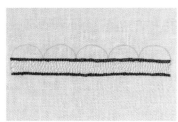

5　間を白系の糸で刺し埋める。すき
　間なく刺せればよいので、列数は
　気にしなくて大丈夫。

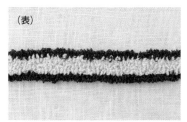

5　ループ面を見たところ。2色の境
　い目の糸が交じり合っていると
　ろは、最後に整える。

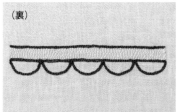

6　スカラップ部分を2列刺し、ボ
　ンドを塗って固める（p.15参照）。
　スカラップ部分はボンドが布には
　み出さないよう気をつけて。

7　糸切りバサミの先などを使って、
　2色が交ざっている部分の絡まり
　を整え、模様がきれいに出るよう
　にする。

波模様のポーチ

波模様に円を合わせても素敵。
布と糸は同系色の濃淡を選んでまとめています。

作り方　p.54

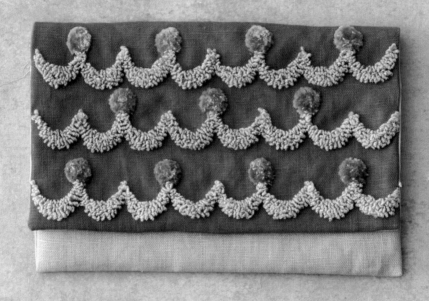

花と小枝のミニフレーム

モチーフの背景もパンチニードルで刺し埋めて。
やわらかな質感で、ぬくもりが感じられるフレームになりました。

作り方 p.56

CHAPTER 5

刺しゅうと合わせてパターン模様

デイジーのパターン

刺しゅうを組み合わせると、楽しみ方がグンと広がります。
図案を1個取り出しても、連ねても、かわいくなるパターン模様です。

図案 p.59

ステッチ面を表に使う
レッスン

基本の
刺し方は
p.11

花心部分はステッチ面です。
花びらのループ面と組み合わせることで立体感のある花が作れます。

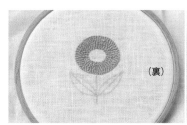

1 p.7の「両面に写す作品」を参照し、布の裏には図案すべてを、表には刺しゅう部分の図案を写す。最初に裏からパンチニードルで花びらを刺す（左）。表はループで立体感のある花になっている。

2 布を表を上にして枠に張り直す。

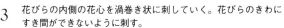
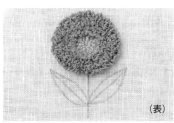

3 花びらの内側の花心を渦巻き状に刺していく。花びらのきわにすき間ができないように刺す。

4 花心を刺し終わったところ。

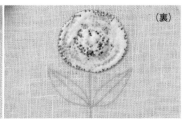

5 裏にボンドを塗る。花心部分の裏はループだが、ループにも同じようにボンドを塗る。

6 茎と葉の刺しゅうをして完成。刺しゅうは常にパンチニードルのあとに刺す。

ピンクの花と実のパターン

渋い色味で大人っぽくまとめましたが、
鮮やかな色やパステルカラーを使っても、違った雰囲気を楽しめます。

図案　p.60

青い実のパターン

思わず手を伸ばして取ってみたくなる、立体的な実。
ワンポイントとしてあしらうのもおすすめの図案です。

図案　p.61

森のクッション

・・・・・・・・・・・・・・・・・・・・・・・・・・・・・・・・・

デフォルメした図案が印象的な2種類の木は、幹のみ刺しゅうで。
四角いクッションに、四角く規則的に図案を並べて。

作り方　p.62

青い花のスマホポシェット

スタンダードなアイテムになったからこそ、オリジナルを。
パンチニードルのボリュームに合わせて、刺しゅう部分も糸6本どりで刺します。

作り方　p.64

CHAPTER 6

いろいろなモチーフ

小さな鳥
°°°°°°°°°°°°°°°°°

ポツンとたたずんでいる姿が愛らしい小鳥。
ループをカットすることで毛並みをリアルに表現できます。

図案　p.63

小さな壁飾り

野原の生きものをモチーフにした、手のひらサイズの壁飾り。
壁に小さなギャラリーができそうです。

作り方 p.66

A

B

C

A

B

C

フライングバーズブローチ

ループをカットして光沢を出したブローチ。ところどころに残ったループで
微妙な陰影が生まれ、躍動感を表現できます。

作り方　p.51

白うさぎのオーナメント

うさぎのボディとしっぽは
ループの長さを変えて立体感をつけています。
贈りもののラッピングに添えても喜ばれそう。

作り方　p.75

A

B

C

野の花のバスケット

ブラックに5種の花と実を大胆に配して東欧風に。
ループ面とステッチ面を組み合わせてできる凸凹が効果的。
作り方　p.68

鳩と黄色い実のドイリー
°∘°∘°∘°∘°∘°∘°∘°∘°∘°∘°∘°∘°

ドイリーや壁飾りは、背景の色も数百色の刺しゅう糸から選ぶ楽しさがあります。
モチーフの色を決め、次に背景色をじっくり考えて決めます。

作り方 p.78

A

B

フラワーリースのポーチ

刺しやすいコーデュロイを使ったファスナーポーチ。
花びらはワントーン濃い色で縁どりを刺しています。

作り方　p.70

スノーカラーの巾着ポーチ

布と同系色で、デフォルメした花モチーフをパンチニードル。
目立ちすぎない色を花心に選ぶのがポイントです。

作り方　p.72

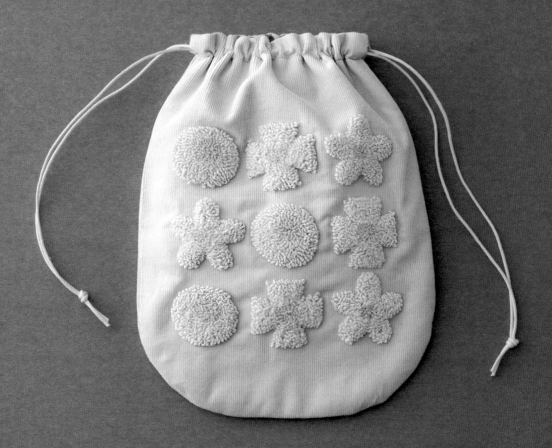

小鳥と実のサンプラー

赤×黒の配色でシックな雰囲気に。
白い実はループをカットして光沢を出し、存在感を持たせました。

図案　p.73

小鳥と実のグラニーバッグ

左ページのサンプラー図案を
アレンジして、バッグに仕立てました。
小鳥は黒地に映えるよう白糸で。

作り方　p.74

聖夜のオーナメント

バイカラーで仕上げたシックなオーナメント。
濃いブルーで縁どることで、模様が引き立ちます。

作り方　p.76

C

D

E

43

マーガレットとポピーの壁飾り

花をモチーフにした壁飾りを2つ。
塗り絵のように刺し埋めていくのは、パンチニードルの楽しみのひとつです。

図案　p.67

森に棲むふくろうの壁飾り

森の番人のように木の枝に止まっている、
印象的な姿をモチーフに。
下部のブルーはループを長めにして、
立体感を出しました。

作り方　p.79

パンチニードルの上から刺しゅう

鳥や動物の目など、パンチニードルの上から刺しゅうをすることがあります
（フレンチノットで解説）。

1 ステッチ面に塗ったボンドが乾いてから刺しゅうをする。印はつけられないので、図案を見ながら刺しゅう位置に針を出す。

2 フレンチノットステッチを刺す。針を裏に引くときに、きつく引っ張らないのがコツ。

3 刺せたところ。針をきつく引くと刺しゅうがループの中に埋もれてしまうので注意する。

多色で刺し埋めるとき

数色の糸で隣接した図案を刺すとき、先に刺した糸のループが広がり、
次の糸を刺す余地がないように見えることがあります。でも慌てなくて大丈夫。
順番に刺せば最後は図案通りに仕上がります。

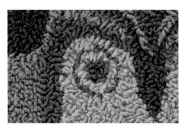

p.45のふくろうの目の部分で解説。黒目と目の輪郭→白目→目の周りの順で刺す。

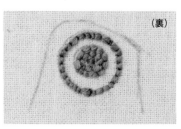

1 黒目と目の輪郭をブルーで刺す（左）。図案通りに刺しても、ループ面を見ると、白目を刺す余地がないように見える（右）。これはループが横に広がってしまうため。

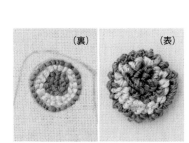

2 白目部分を刺すことで、広がっていたループが立ち上がり、表を見ると図案通りに仕上がっている。

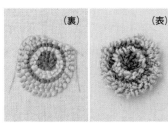

3 2の状態では黒目の輪郭がまだ少し広がっているが、さらにその周囲を刺すことで、1列刺したラインがきれいに出てくる。

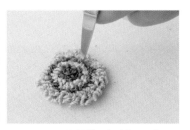

4 p.23 7と同様に糸が交じり合っているところは、ハサミの先などで整える。

刺す順序

刺す順番に決まりはあるのか、込み入った図案はどこから刺し始めればいいのか、
p.36 の「野の花のバスケット」を例に説明します。

刺す順序のルール

1. 離れているモチーフはどれから刺しても OK
2. ひとつのモチーフは細いところ、小さなところから刺す
3. 背景は最後に刺す
4. ステッチ面を表にする部分があるモチーフは、裏から刺す部分を刺し終えてから刺す
5. 刺しゅうはパンチニードルが終わってから刺す

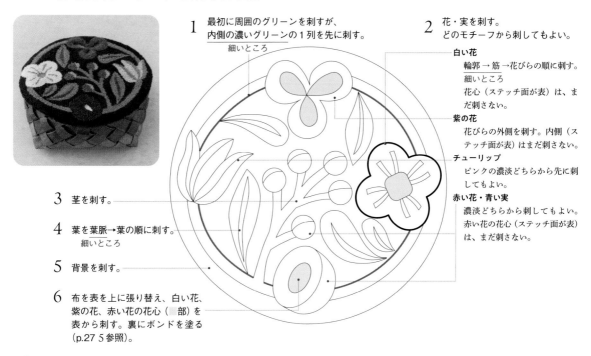

1 最初に周囲のグリーンを刺すが、内側の濃いグリーンの1列を先に刺す。
細いところ

2 花・実を刺す。どのモチーフから刺してもよい。

白い花
輪郭 → 筋 → 花びらの順に刺す。
細いところ
花心（ステッチ面が表）は、まだ刺さない。

紫の花
花びらの外側を刺す。内側（ステッチ面が表）はまだ刺さない。

チューリップ
ピンクの濃淡どちらから先に刺してもよい。

赤い花・青い実
濃淡どちらから刺してもよい。赤い花の花心（ステッチ面が表）は、まだ刺さない。

3 茎を刺す。

4 葉を葉脈→葉の順に刺す。
細いところ

5 背景を刺す。

6 布を表を上に張り替え、白い花、紫の花、赤い花の花心（　部）を表から刺す。裏にボンドを塗る（p.27 5参照）。

布の用尺について

パンチニードルは枠にはめて刺すので、作品よりもかなり布を大きめに用意しなくてはならない場合があります（p. 8 参照）。
そのような作品は、本書の作り方ページでは、スクエアフープに布を張ることを前提にした図を載せ、
パンチニードル位置を指定しています。

❶図案とでき上がり線を写し、パンチニードルをする

40 cm

1 cm

ふた表布（裏）

❷縫い代をつけて布を裁つ

40 cm

p.54「波模様のポーチ」の場合

枠に布を張るには、枠よりもひと回り大きいサイズの布がいる。そのため、四角い枠のSサイズ（28cm角）を使う場合なら布は約40cm角、Lサイズ（40cm角）を使う場合なら布は約60cm角必要になる。
また、枠のすぐそばは刺しづらいため、枠から図案の端までは約5cm余裕があると安心。
左の作品の場合、図案の大きさが20cm×12cmで、Sサイズの枠にはめても左右10cmの余裕がある。
図案は刺しやすいよう、なるべく布の中央に配置する。

p.14

円のサンプラー
・・・・・・・・・・・・・・・・・・・・

●材料（1点分）
土台布…清原スタンダードリネン
　　　　A　ライトピンク
　　　　B　カーキ
DMC25番刺しゅう糸…
　　　　A　ブルー系　926　2束
　　　　B　ピンク系　778　1束

●刺しゅう枠
スクエアフープSサイズ

図　案

・200%に拡大する
・数字は刺しゅう糸の色番号
・刺しゅう糸は6本どり
・パンチニードルの目盛りは2

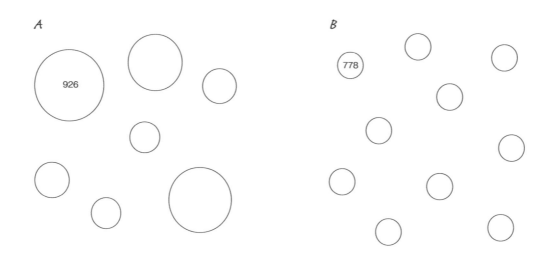

p.16

ドット模様の巾着ポーチ
・・・・・・・・・・・・・・・・・・・・・・・・・・

●材料（1点分）
表布…清原スタンダードリネン60×40cm
　　　　A　ライトブルー
　　　　B　ライトイエロー
裏布…シーチング 40×25cm
DMC25番刺しゅう糸…
　　　　A　グレー系　647　1束
　　　　B　イエロー系　165　1束
革テープ…0.2cm幅を90cm

●刺しゅう枠
スクエアフープSサイズ

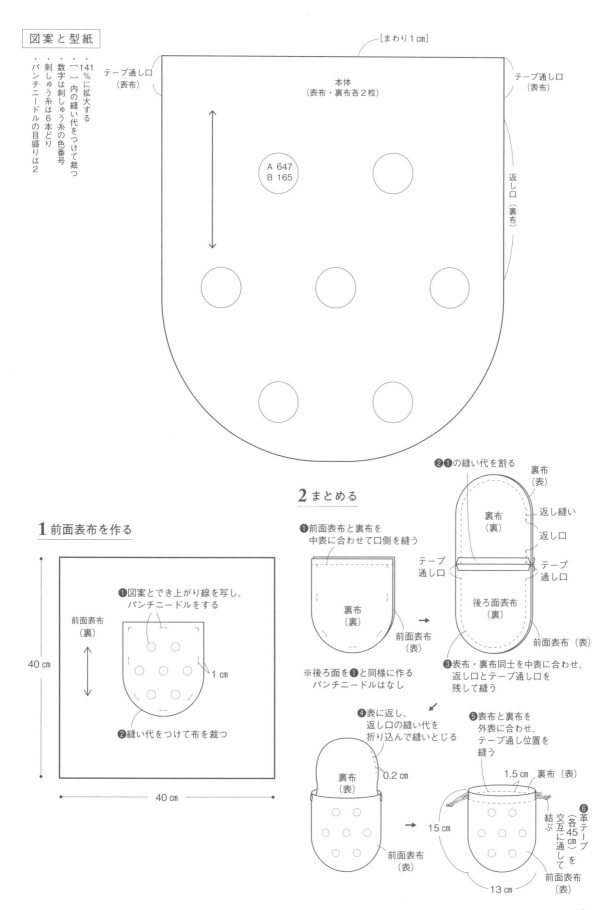

図案と型紙

・141％に拡大する
・[ ] 内の縫い代をつけて裁つ
・数字は刺しゅう糸の色番号
・刺しゅう糸は6本どり
・パンチニードルの目盛りは2

[まわり1cm]

テープ通し口
（表布）

本体
（表布・裏布各2枚）

テープ通し口
（表布）

A 647
B 165

返し口（裏布）

1 前面表布を作る

前面表布
（裏）

40cm

40cm

❶図案とでき上がり線を写し、
パンチニードルをする

1cm

❷縫い代をつけて布を裁つ

2 まとめる

❶前面表布と裏布を
中表に合わせて口側を縫う

裏布
（裏）

前面表布
（表）

※後ろ面を❶と同様に作る
パンチニードルはなし

❷❶の縫い代を割る

裏布
（表）

裏布
（裏）

返し縫い

返し口

テープ通し口

テープ通し口

後ろ面表布
（裏）

前面表布
（表）

❸表布・裏布同士を中表に合わせ、
返し口とテープ通し口を
残して縫う

❹表に返し、
返し口の縫い代を
折り込んで縫いとじる

裏布
（表）

0.2cm

前面表布
（表）

❺表布と裏布を
外表に合わせ、
テープ通し位置を
縫う

1.5cm　裏布（表）

15cm

13cm

前面表布
（表）

❻革テープ（各45cm）を交互に通して結ぶ

p.17

スイーツブローチ

●材料（1点分）
前面…厚手シーチング20㎝四方
後ろ面…フェルト10㎝四方
DMC25番刺しゅう糸…
　　　共通　グレー系　647　1束
　　　A　ブルー系　928　1束
　　　B　ECRU　1束
　　　C　ベージュ系　950　2束
ブローチピン…長さ3㎝を1個

●刺しゅう枠
直径12㎝の刺しゅう枠
●パンチニードルの順序
1.　輪郭
2.　内側
●作り方
p.51と同様に作る

図案

・141％に拡大する（寸法は拡大後の長さ）
・数字は刺しゅう糸の色番号
・刺しゅう糸は6本どり
・パンチニードルの目盛りは2

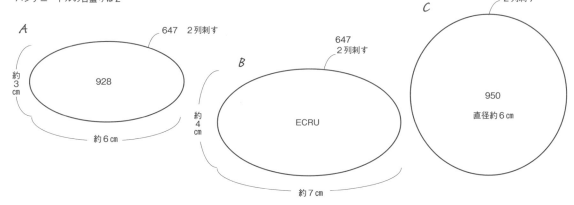

p.21

すみれのブローチ

●材料（1点分）
前面…厚手シーチング20㎝四方
後ろ面…フェルト10㎝四方
DMC25番刺しゅう糸…
　　　A　パープル系　35　3束
　　　　　ブルー系　159　1束
　　　B　ピンク系　3727　2束
　　　　　ブラウン系　167　1束
　　　C　ブルー系　926　3束
　　　　　パープル系　3834　1束
ブローチピン…長さ3㎝を1個

●刺しゅう枠
直径12㎝の刺しゅう枠
●パンチニードルの順序
1.　内側
2.　外側
3.　ループカット
●作り方
p.51と同様に作る

図案

・141％に拡大する
　（寸法は拡大後の長さ）
・数字は刺しゅう糸の色番号
・刺しゅう糸は6本どり
・パンチニードルの目盛りは3

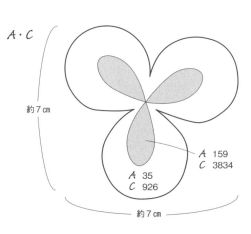

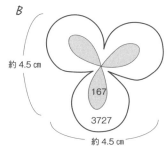

p.34

フライングバーズブローチ

●材料（1点分）
前面…厚手シーチング 20 cm四方
後ろ面…フェルト 10 cm四方
DMC25 番刺しゅう糸…
     A　イエロー系　165　2束
        グリーン系　733、3816　各1束
        ブラウン系　829　1束
     B　グリーン系　3816　2束、
               991、3813　各1束
        ブラウン系　3859　1束
     C　ブルー系　926　2束、
            159、924　各1束
        パープル系　3041　1束
ブローチピン…長さ3 cmを1本

●刺しゅう枠
直径 12 cmの刺しゅう枠
●パンチニードルの順序
1．羽と尾のライン
2．ボディ
3．ループカット

図案

・実物大
・数字は刺しゅう糸の色番号
・刺しゅう糸は指定以外6本どり
・パンチニードルの目盛りは3
・サテン・ステッチの刺し方は p.59
　フレンチ ノットの刺し方は p.63

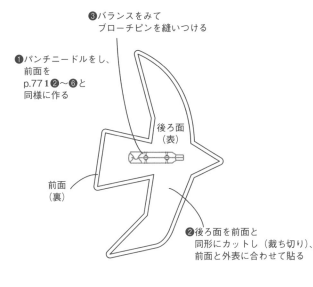

❸バランスをみて
　ブローチピンを縫いつける

❶パンチニードルをし、
　前面を
　p.77❶❷〜❻と
　同様に作る

後ろ面
（表）

前面
（裏）

❷後ろ面を前面と
　同形にカットし（裁ち切り）、
　前面と外表に合わせて貼る

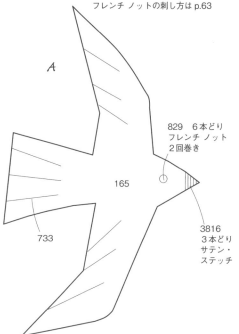

A

829　6本どり
フレンチ ノット
2回巻き

165

733

3816
3本どり
サテン・
ステッチ

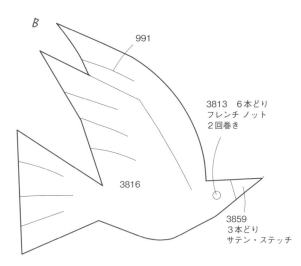

B

991

3813　6本どり
フレンチ ノット
2回巻き

3816

3859
3本どり
サテン・ステッチ

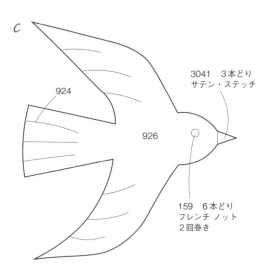

C

3041　3本どり
サテン・ステッチ

924

926

159　6本どり
フレンチ ノット
2回巻き

ループカットのサンプラー

●材料（1点分）
土台布…清原スタンダードリネン
　　　　A　ライトブルー
　　　　B　ナチュラル
DMC25番刺しゅう糸…
　　　　A　イエロー系　165　1束
　　　　　　グリーン系　992　1束
　　　　B　ブルー系　927　3束
　　　　　　イエロー系　165　1束
●刺しゅう枠
スクエアフープSサイズ

●パンチニードルの順序
A　パンチニードルのあと
　　ループカット
B　1．花心
　　2．花びら
　　3．ループカット

図案

・200％に拡大する
・数字は刺しゅう糸の色番号
・刺しゅう糸は6本どり
・パンチニードルの目盛りは3

A
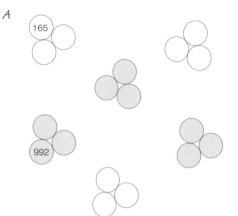

B
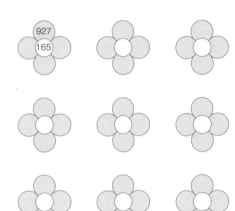

白い花のミニバッグ

●材料
表布・持ち手…清原スタンダードリネン
　　　　　　　ブルー　75×45㎝
裏布…シーチング　50×25㎝
DMC25番刺しゅう糸…
　　　　ECRU　3束
　　　　ブラウン系　919　1束
●刺しゅう枠　スクエアフープSサイズ

●パンチニードルの順序
1．花心
2．花びら
3．ループカット

寸法図　・[　]内の縫い代をつけて裁つ、指定以外は裁ち切り

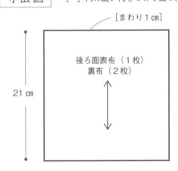

[まわり1㎝]

後ろ面表布（1枚）
裏布（2枚）

21㎝

21㎝

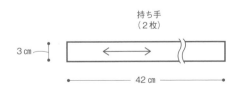

持ち手
（2枚）

3㎝

42㎝

1 前面表布を作る

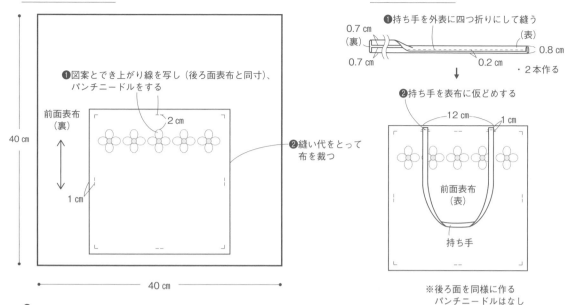

❶図案とでき上がり線を写し（後ろ面表布と同寸）、パンチニードルをする

前面表布
（裏）

2 cm

❷縫い代をとって布を裁つ

40 cm

1 cm

40 cm

2 持ち手を作る

❶持ち手を外表に四つ折りにして縫う

0.7 cm
（裏）

0.7 cm

（表）

0.8 cm

0.2 cm

・2本作る

❷持ち手を表布に仮どめする

12 cm

1 cm

前面表布
（表）

持ち手

※後ろ面を同様に作る
パンチニードルはなし

3 まとめる

❶表布と裏布を中表に合わせて口側を縫う

後ろ面
表布
（表）

裏布
（裏）

※前面を同様に作る

返し口 10 cm

返し縫い

裏布
（表）

裏布
（裏）

❷❶の縫い代を割る

後ろ面
表布
（表）

前面表布
（裏）

❸表布・裏布同士を中表に合わせ、返し口を残して縫う

❹表に返して返し口の縫い代を折り込んで縫いとじる

0.2 cm

裏布
（表）

21 cm

前面表布
（表）

21 cm

図 案

・141%に拡大する
・数字は刺しゅう糸の色番号
・刺しゅう糸は6本どり
・パンチニードルの目盛りは3

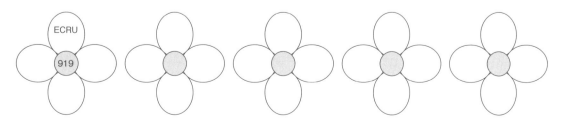

ECRU

919

波模様のポーチ

●材料
ふた表布…清原スタンダードリネン
　　　　ブルー 40 ㎝四方
側面表布…清原スタンダードリネン
　　　　ライトピンク 25×35 ㎝
裏布…シーチング 25×45 ㎝
接着芯…25×45 ㎝
DMC25 番刺しゅう糸…
　　　グレー系　03　1束
　　　ピンク系　778　1束

●刺しゅう枠
スクエアフープSサイズ
●パンチニードルの順序
1．円、波模様
2．ループカット（円）

寸法図　・布は縫い代1㎝をつけて裁つ
　　　　・接着芯は裁ち切りにし、裏布の裏に貼る

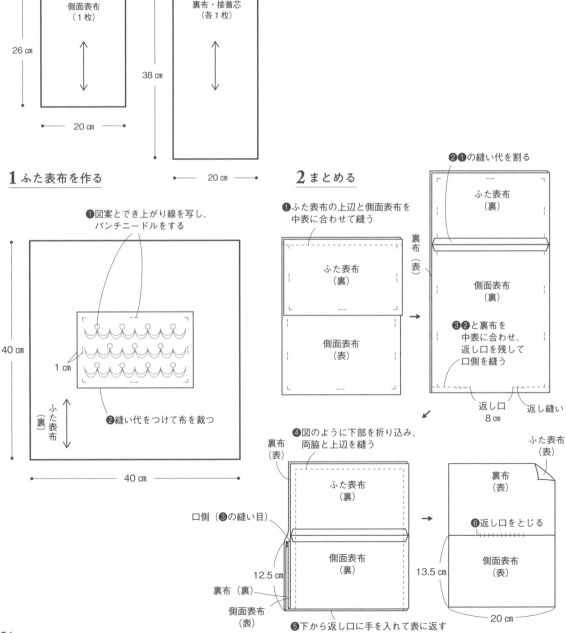

側面表布
（1枚）

26 ㎝

20 ㎝

裏布・接着芯
（各1枚）

38 ㎝

20 ㎝

1 ふた表布を作る

❶図案とでき上がり線を写し、
　パンチニードルをする

40 ㎝

1 ㎝

ふた表布（裏）

❷縫い代をつけて布を裁つ

40 ㎝

2 まとめる

❶ふた表布の上辺と側面表布を
　中表に合わせて縫う

ふた表布（裏）

側面表布（表）

裏布（表）

❷❶の縫い代を割る

ふた表布（裏）

側面表布（裏）

❸❷と裏布を
中表に合わせ、
返し口を残して
口側を縫う

返し口
8 ㎝

返し縫い

❹図のように下部を折り込み、
　両脇と上辺を縫う

裏布（表）

ふた表布（裏）

口側（❸の縫い目）

12.5 ㎝

裏布（裏）

側面表布（表）

側面表布（裏）

❺下から返し口に手を入れて表に返す

ふた表布（表）

裏布（表）

❻返し口をとじる

13.5 ㎝

側面表布（表）

20 ㎝

図案と型紙

・実物大　・[　]内の縫い代をつけて裁つ　・数字は刺しゅう糸の色番号
・刺しゅう糸は6本どり　・< >内はパンチニードルの目盛り

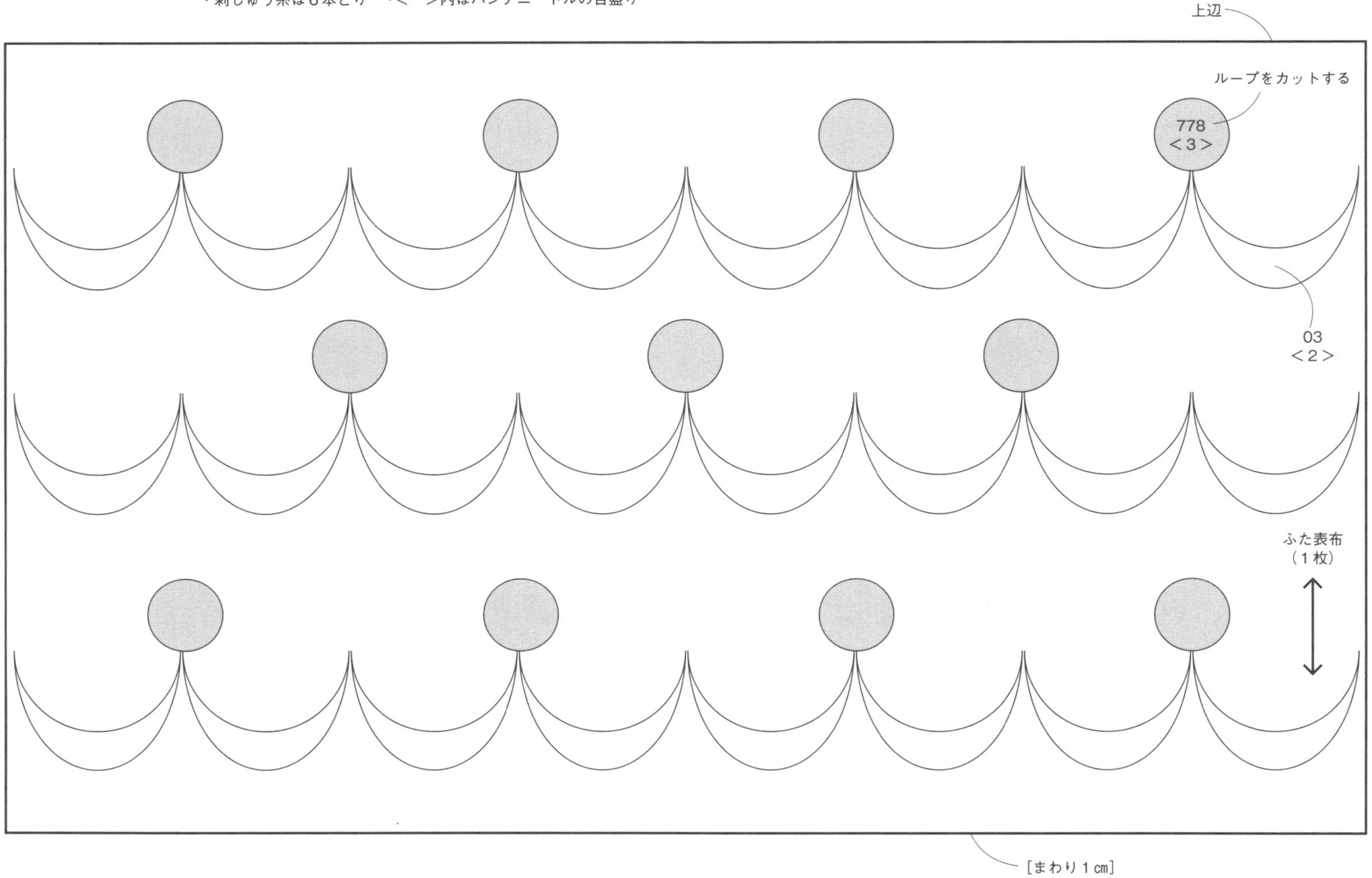

上辺

ループをカットする

778
<3>

03
<2>

ふた表布
（1枚）

[まわり1cm]

55

花と小枝のミニフレーム

●材料（1点分）
前面…厚手シーチング 40㎝四方
後ろ面…フェルト 12㎝四方
DMC25番刺しゅう糸
　　　A　グリーン系　924　4束
　　　　　レッド系　498　2束
　　　　　グリーン系　3022　1束
　　　　　グレー系　3024　各1束
　　　B　黒　310　4束
　　　　　ブラウン系　919　1束
　　　　　ブルー系　927　1束
革テープ…0.2㎝幅を6㎝

●刺しゅう枠
スクエアフープSサイズ
●パンチニードルの順序
　A　1．葉・花の内側
　　　2．花の外側
　　　3．背景
　B　1．実・枝
　　　2．背景

1 前面を作る

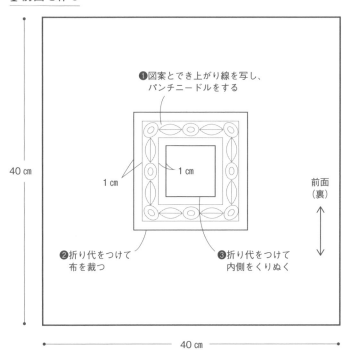

❶図案とでき上がり線を写し、
　パンチニードルをする

1㎝

1㎝

40㎝

前面
（裏）

❷折り代をつけて
　布を裁つ

❸折り代をつけて
　内側をくりぬく

40㎝

2 まとめる

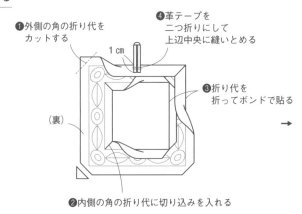

❶外側の角の折り代を
　カットする

❹革テープを
　二つ折りにして
　上辺中央に縫いとめる

1㎝

（裏）

❸折り代を
　折ってボンドで貼る

❷内側の角の折り代に切り込みを入れる

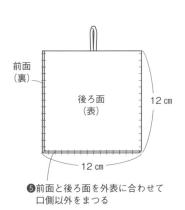

前面
（裏）

後ろ面
（表）

12㎝

12㎝

❺前面と後ろ面を外表に合わせて
　口側以外をまつる

・115％に拡大する
・数字は刺しゅう糸の色番号
・刺しゅう糸は6本どり
・パンチニードルの目盛りは2

A

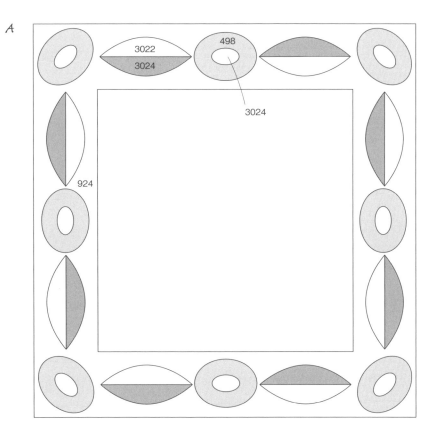

3022
3024
498
3024
924

B

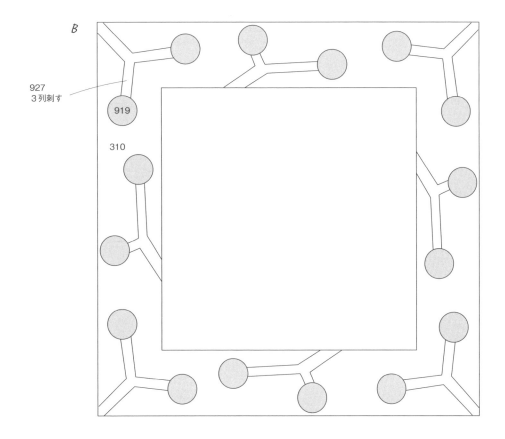

927
3列刺す
919
310

線のサンプラー

●材料
土台布…清原スタンダードリネン　ナチュラル
DMC25番刺しゅう糸…
　　　A　イエロー系　165　2束
　　　　　ECRU　2束
　　　B　ブラウン系　223　2束
　　　　　ECRU　2束
　　　C　グリーン系　992　2束
　　　　　ECRU　2束
　　　D　パープル系　3041　2束
　　　E　ブルー系　927、932　各2束
　　　　　ECRU　2束

●刺しゅう枠
スクエアフープLサイズ
●パンチニードルの順序
1．線
2．その他
3．ループカット（B・D）

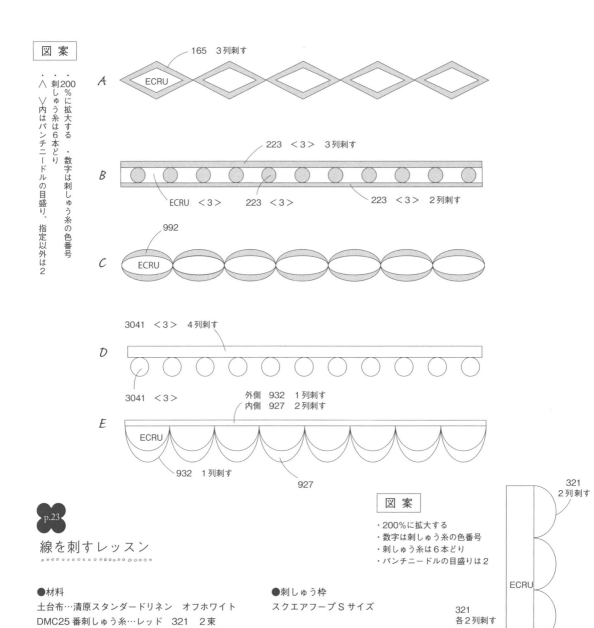

図　案

・200％に拡大する
・数字は刺しゅう糸の色番号
・刺しゅう糸は6本どり
・〈　〉内はパンチニードルの目盛り、指定以外は2

A　165　3列刺す　ECRU

B　223　＜3＞　3列刺す　ECRU　＜3＞　223　＜3＞　223　＜3＞　2列刺す

C　992　ECRU

D　3041　＜3＞　4列刺す　3041　＜3＞

E　外側　932　1列刺す　内側　927　2列刺す　ECRU　932　1列刺す　927

線を刺すレッスン

●材料
土台布…清原スタンダードリネン　オフホワイト
DMC25番刺しゅう糸…レッド　321　2束
　　　　　　　　　　　　ECRU　2束

●刺しゅう枠
スクエアフープSサイズ

図　案

・200％に拡大する
・数字は刺しゅう糸の色番号
・刺しゅう糸は6本どり
・パンチニードルの目盛りは2

321　2列刺す　ECRU　321　各2列刺す

デイジーのパターン

●材料
土台布…清原スタンダードリネン　オフホワイト
DMC25番刺しゅう糸…

グリーン系　992　3束
ピンク系　778　1束
ブラウン系　782　1束

●刺しゅう枠
スクエアフープSサイズ
●パンチニードルの順序
1　花の外側
2　花心を表から刺す

図案
・実物大
・数字は刺しゅう糸の色番号
・刺しゅう糸は指定以外6本どり
・パンチニードルの目盛りは1

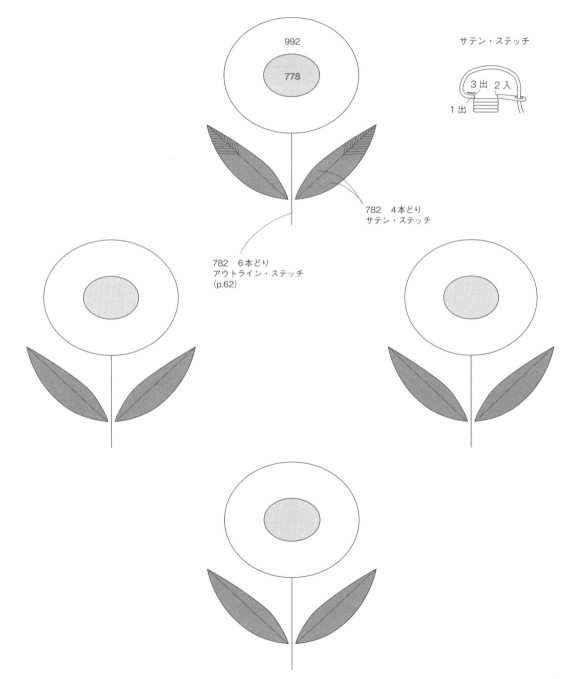

992

778

サテン・ステッチ

3出　2入
1出

782　4本どり
サテン・ステッチ

782　6本どり
アウトライン・ステッチ
(p.62)

ピンクの花と実のパターン

●材料
土台布…清原スタンダードリネン　ライトピンク
DMC25番刺しゅう糸…
　　　ピンク系　223　4束
　　　パープル系　3041　2束
　　　グリーン系　561　1束
　　　ECRU　1束

●刺しゅう枠
スクエアフープＳサイズ
●パンチニードルの順序
１．花・実
２．ループカット

図案　・実物大　・数字は刺しゅう糸の色番号
　　　・刺しゅう糸は指定以外6本どり
　　　・パンチニードルの目盛りは2

561　3本どり
アウトライン・ステッチ
(p.62)

561　3本どり
アウトライン・ステッチで
刺し埋める

ECRU　6本どり
フレンチノット (p.63)
2回巻き

223

ループをカットする

561　4本どり
アウトライン・
ステッチ

3041

青い実のパターン

●材料
土台布…清原スタンダードリネン　ナチュラル
DMC25番刺しゅう糸…
　　　ブルー系　3842　5束
　　　ブラウン系　400　1束

●刺しゅう枠
スクエアフープＬサイズ
●パンチニードルの順序
1．実
2．ループカット

図 案	・115％に拡大する　・数字は刺しゅう糸の色番号
	・刺しゅう糸は指定以外６本どり　・パンチニードルの目盛りは２

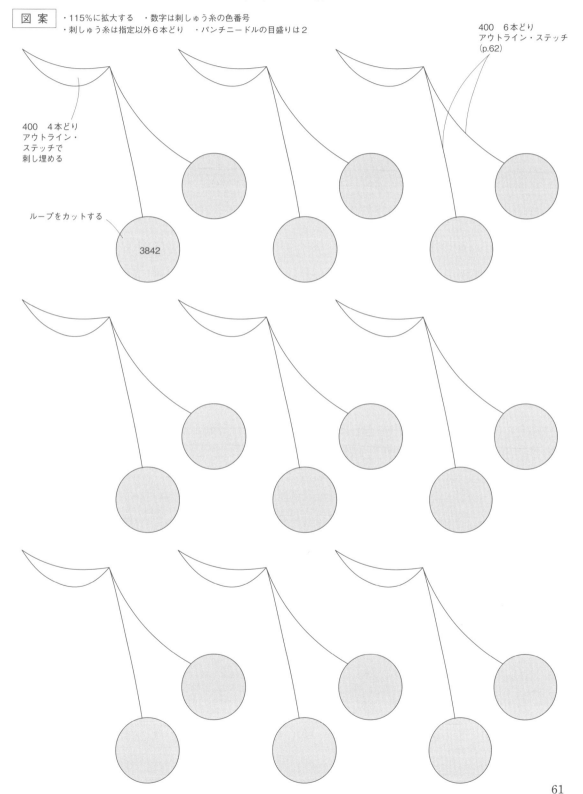

400　6本どり
アウトライン・ステッチ
(p.62)

400　4本どり
アウトライン・
ステッチで
刺し埋める

ループをカットする

3842

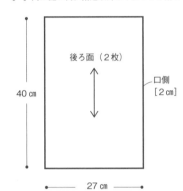

p.30

森のクッション

●材料
前面・後ろ面…清原スタンダードリネン
　　　　　　チャコールグレー　95㎝×90㎝
DMC25番刺しゅう糸…
　　　グリーン系　501、992　各5束
　　　ブラウン系　938　1束
40㎝角のインナークッション　1個
●刺しゅう枠
スクエアフープLサイズ

●パンチニードルの順序
1．丸い木
2．とがった木

アウトライン・ステッチ

3出　5出　7出
　　　　　　　9出
1出　　4入　　8入
　2入　　6入

寸法図

[　]内は縫い代、指定以外は1㎝つけて裁つ

後ろ面（2枚）

40㎝

27㎝

口側
[2㎝]

図案

・200％に拡大する
・数字は刺しゅう糸の色番号
・刺しゅう糸は指定以外6本どり
・パンチニードルの目盛りは2

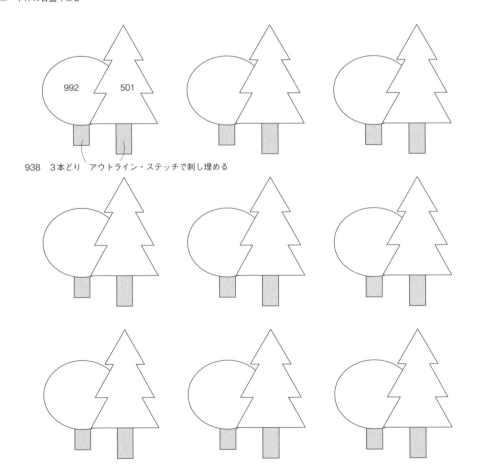

992　　501

938　3本どり　アウトライン・ステッチで刺し埋める

1 前面を作る

❶図案とでき上がり線を写し、パンチニードルと刺しゅうをする

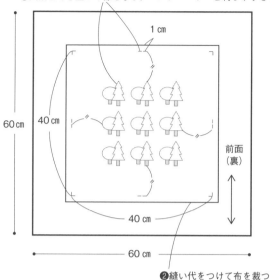

❷縫い代をつけて布を裁つ

2 まとめる

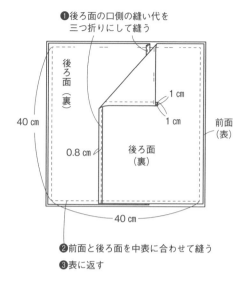

❶後ろ面の口側の縫い代を三つ折りにして縫う

❷前面と後ろ面を中表に合わせて縫う

❸表に返す

小さな鳥

p.32

●材料
土台布…清原スタンダードリネン　イエロー
DMC25番刺しゅう糸…
　　　　ブラウン系　829　1束
　　　　グリーン系　934　1束
　　　　ECRU　1束
●刺しゅう枠　直径12cmの刺しゅう枠

●パンチニードルの順序
1．頭・胴・くちばし
2．羽
3．白目を表から刺す
4．ループカット

図案

・実物大
・数字は刺しゅう糸の色番号
・刺しゅう糸は指定以外6本どり
・＜　＞内はパンチニードルの目盛り、指定以外は2
・★＝ループをカットする

フレンチ ノット

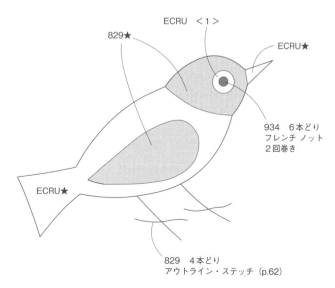

ECRU　＜1＞

829★

ECRU★

934　6本どり
フレンチ ノット
2回巻き

ECRU★

829　4本どり
アウトライン・ステッチ（p.62）

青い花のスマホポシェット

●材料
表布・肩ひも・ループ…清原スタンダードリネン
　　　　　　　　　　ナチュラル 70×70 cm
裏布…シーチング 30×30 cm
接着芯…14×21 cm
DMC25 番刺しゅう糸…
　　　グリーン系　3850　3束
　　　ブルー系　823、3809　各1束
　　　ECRU　1束

●刺しゅう枠
スクエアフープSサイズ
●パンチニードルの順序
1．花びら
2．花心を表から刺す

寸法図
・全て裁ち切り

ループ（1枚）
3 cm
← 10 cm →

肩ひも（2枚）
4 cm
67 cm

1 肩ひもとループを作る

【肩ひも】

❶2枚を
中表に合わせて
縫う

1 cm
（裏）
（表）

❷❶の縫い代を割る
つけ側
（裏）　（裏）　1 cm
❸一方の布端を折る

1 cm（裏）　（表）
1 cm　　　1 cm
0.2 cm
❹外表に四つ折りにして縫う

【ループ】
0.7 cm　（裏）　（表）　0.8 cm
0.7 cm　　　　0.2 cm
外表に四つ折りにして縫う

2 前面表布を作る

❶図案とでき上がり線を写し、
パンチニードルと刺しゅうをする

40 cm

前面表布
（裏）

1 cm

❷縫い代をつけて布を裁つ

40 cm

❸肩ひもを仮どめする
つけ側
1 cm
0.5 cm

肩ひも

前面表布
（表）

3 後ろ面表布を作る

❷ループを
二つ折りにして仮どめする

❶接着芯を貼る

1 cm
0.5 cm
ループ

後ろ面表布
（表）

4 まとめる

❶前面表布と裏布を
中表に合わせて口側を縫う

前面表布
（表）

裏布
（裏）

❷
❶の縫い代を割る

裏布
（表）

裏布
（裏）

返し口

返し縫い

後ろ面表布
（裏）

前面表布
（表）

❸表布・裏布同士を中表に合わせ、
返し口を残して縫う

❹表に返し、
p.53 3❹の要領で
返し口を縫いとじる

裏布
（表）

19 cm

12 cm

❺肩ひもをループに結ぶ

前面表布
（表）

図案と型紙

- 実物大
- [ ] 内の縫い代をつけて裁つ
- 数字は刺しゅう糸の色番号
- 刺しゅう糸は6本どり
- パンチニードルの目盛りは2
- アウトライン・ステッチの刺し方は p.62
  フレンチ ノットの刺し方は p.63

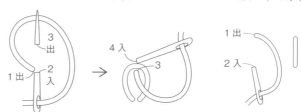

レゼー デージー・ステッチ

ストレート・ステッチ

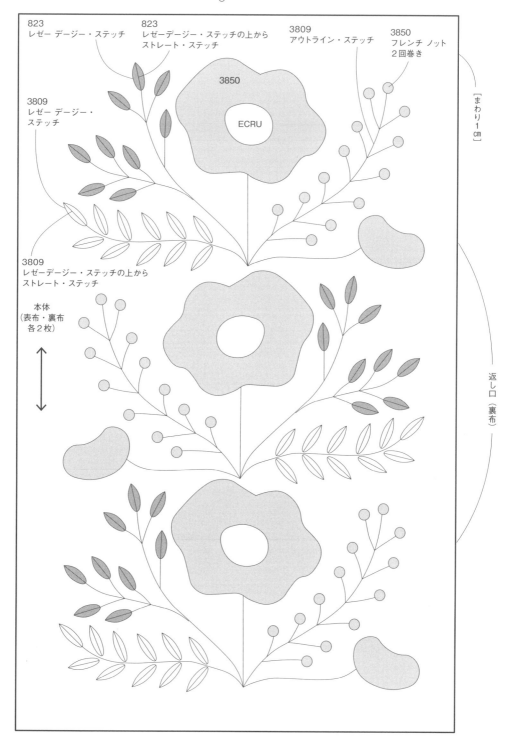

823
レゼー デージー・ステッチ

823
レゼーデージー・ステッチの上から
ストレート・ステッチ

3809
アウトライン・ステッチ

3850
フレンチ ノット
2回巻き

3809
レゼー デージー・
ステッチ

3809
レゼーデージー・ステッチの上から
ストレート・ステッチ

本体
(表布・裏布
各2枚)

3850

ECRU

[まわり1cm]

返し口（裏布）

65

p.33

小さな壁飾り

●材料（1点分）
前面…厚手シーチング　A 20㎝四方　B・C 40㎝四方
後ろ面…フェルト
　　　　A・C　10㎝角
　　　　B　15㎝角
DMC25番刺しゅう糸…
　　　　A　ブラウン系　829　2束、
　　　　　　　　　　　　919、920　各1束
　　　　　　グレー系　3799　1束
　　　　B　白系　3866　3束
　　　　　　ベージュ系　453　1束
　　　　　　グリーン系　319　3束
　　　　　　ブラウン系　21、3778　各1束
　　　　C　パープル系　29　2束
　　　　　　イエロー系　165　1束
　　　　　　グリーン系　3013　1束
　　　　　　ECRU　1束
革テープ…0.2㎝幅を5㎝

●刺しゅう枠
A　直径12㎝の刺しゅう枠
B・C　スクエアフープSサイズ
●パンチニードルの順序
A　1．羽の輪郭・中央の線
　　2．羽の模様
　　3．頭・羽　　4．背景
B　1．うさぎ・花の輪郭
　　2．うさぎのボディ・花
　　3．うさぎのしっぽ
　　4．背景
　　5．うさぎの★を表から刺す
C　1．グリーン系の輪郭
　　2．イエロー系の羽
　　3．ECRUの羽　　4．背景
●作り方
1．p.56の1①②、2①③と
　同様に作る
2．p.67の②③と同様に作る

図案
・実物大
・数字は刺しゅう糸の色番号
・刺しゅう糸は6本どり
・パンチニードルの目盛りは2
・フレンチ ノットの刺し方はp.63、
　ストレート・ステッチの刺し方はp.65

A　3799　ストレート・ステッチ
前面（裏）
829
920
3799
3799　1列刺す　　919　1列刺す

C　ECRU　ストレート・ステッチ　　ECRU　フレンチ ノット　2回巻き
前面（裏）
29
165
165
ECRU
3013　1列刺す　　ECRU　ストレート・ステッチ

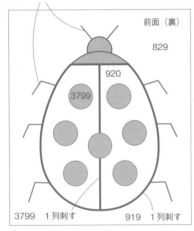

B
319
3778
3778★
3866
前面（裏）
453　1列刺す
319　フレンチ ノット　2回巻き
3778
ストレート・
ステッチ
21
1列刺す
3866
3866

マーガレットと ポピーの壁飾り

●材料（1点分）
前面…厚手シーチング 40 ㎝四方
後ろ面…フェルト 20 ㎝四方
DMC25 番刺しゅう糸…
    A ECRU　2束
      ブラウン系　372、434、829　各2束
      イエロー系　3821　1束
    B ブルー系　823、799　各2束
      グレー系　04　3束
      パープル系　793　2束、35　1束
      ピンク系　917、3687　各2束
      ECRU　1束
革テープ…0.2 ㎝幅を 7 ㎝

●刺しゅう枠
スクエアフープSサイズ
●パンチニードルの順序
A　1．花（花心→花びら）
    2．茎
    3．葉
    4．背景
B　1．花心（内側→外側）
    2．花びら
    3．茎
    4．葉（葉脈→葉）
    5．背景

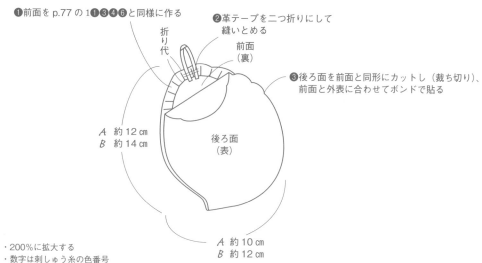

❶前面を p.77 の1❶❸❹❻と同様に作る
❷革テープを二つ折りにして 縫いとめる
❸後ろ面を前面と同形にカットし（裁ち切り）、前面と外表に合わせてボンドで貼る

折り代
前面（裏）
後ろ面（表）

A 約 12 ㎝
B 約 14 ㎝

A 約 10 ㎝
B 約 12 ㎝

図　案
・200％に拡大する
・数字は刺しゅう糸の色番号
・刺しゅう糸は 6 本どり
・＜　＞内はパンチニードルの目盛り、指定以外は 2

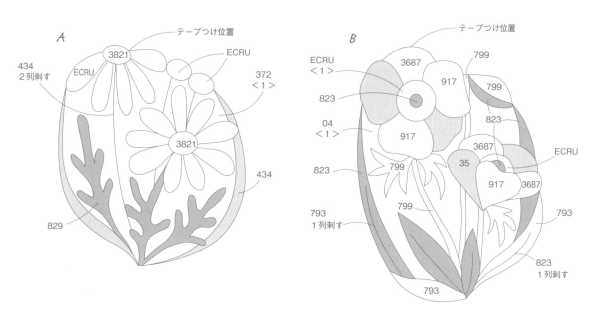

A
テープつけ位置
3821
ECRU
ECRU
372 ＜1＞
434 2列刺す
3821
434
829

B
テープつけ位置
ECRU ＜1＞
3687
799
917
799
823
823
04 ＜1＞
3687
917
35
823
799
917 3687
ECRU
793 1列刺す
799
793
823 1列刺す
793

野の花のバスケット

●材料
表布…厚手シーチング 60㎝四方
裏布…フェルト 25㎝四方
DMC25番刺しゅう糸…
　　　黒　310　8束
　　　グリーン系　505　6束、733、890　各1束
　　　ブルー系　3808、926　各1束
　　　パープル系　29　2束、28　1束
　　　レッド系　304　2束、815　1束
　　　ECRU　2束
　　　ピンク系　223、778　各1束
　　　ブラウン系　453、829　各1束
革テープ…1.8㎝幅を8㎝、0.3㎝幅を60㎝
バスケット…入れ口の直径20㎝、高さ7㎝を1個

●刺しゅう枠
スクエアフープLサイズ
●パンチニードルの順序
(p.47参照)
1. 周囲のグリーン
2. 花・実
3. 茎
4. 葉
5. 背景
6. ★を表から刺す

1 表布を作る

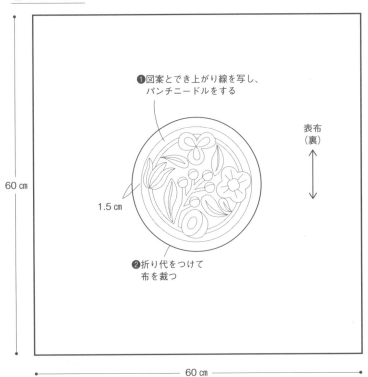

❶図案とでき上がり線を写し、
パンチニードルをする

表布
(裏)

1.5㎝

60㎝

❷折り代をつけて
布を裁つ

60㎝

↓

❸折り代に切り込みを入れる

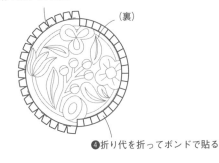

(裏)

❹折り代を折ってボンドで貼る

2 裏布を作る

❶裏布を表布と
同形にカットする
（裁ち切り）

❷0.3㎝幅テープ（各30㎝）を
二つ折りにして縫いとめる

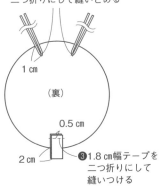

1㎝

(裏)

0.5㎝

2㎝

❸1.8㎝幅テープを
二つ折りにして
縫いつける

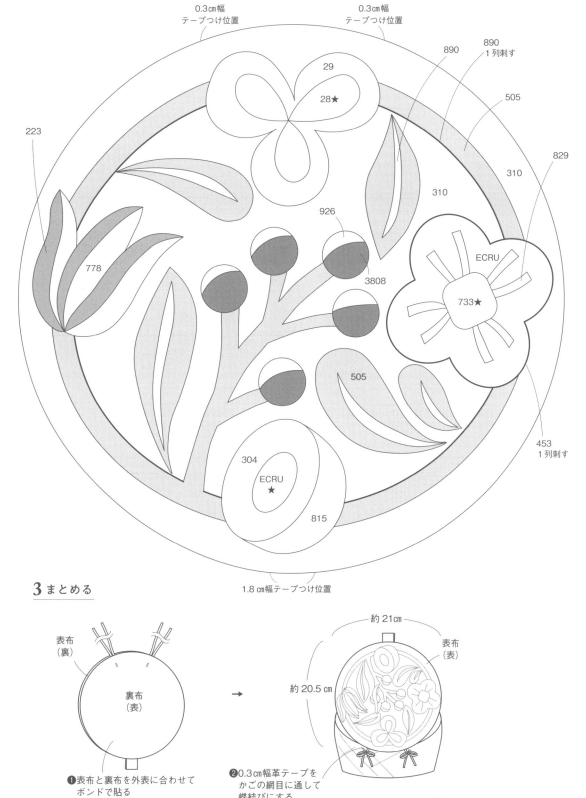

0.3㎝幅
テープつけ位置

0.3㎝幅
テープつけ位置

890

890
1列刺す

505

223

29

28★

310

310

829

926

3808

ECRU

733★

778

505

453
1列刺す

304

ECRU
★

815

1.8㎝幅テープつけ位置

3 まとめる

表布
(裏)

裏布
(表)

❶表布と裏布を外表に合わせて
ボンドで貼る

約21㎝

約20.5㎝

表布
(表)

❷0.3㎝幅革テープを
かごの網目に通して
蝶結びにする

フラワーリースのポーチ

●材料
表布…コーデュロイ 70㎝ ×40㎝
裏布…シーチング 50×20㎝
DMC25 番刺しゅう糸…
　　　グリーン系　3022　2束、
　　　　　　　502、733、734　各1束
　　　ピンク系　407　1束
　　　グレー系　453　1束
　　　ブルー系　932　1束
　　　パープル系　793　1束
　　　ブラウン系　3778　1束
　　　ECRU　1束
ファスナー…長さ20㎝を1本
リボン…0.8㎝幅を20㎝

●刺しゅう枠
スクエアフープSサイズ
●パンチニードルの順序
１．花・実・葉
　　花…①縁　②花心　③花びら
　　実…①縁　②実
　　葉…①葉脈　②葉
２．茎

1 前面表布を作る

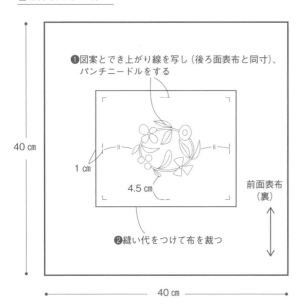

❶図案とでき上がり線を写し（後ろ面表布と同寸）、
　パンチニードルをする

1㎝

4.5㎝

前面表布
（裏）

❷縫い代をつけて布を裁つ

40㎝

40㎝

寸法図　・縫い代1㎝をつけて裁つ

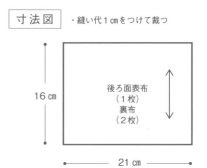

後ろ面表布
（1枚）
裏布
（2枚）

16㎝

21㎝

2 ファスナーをつける

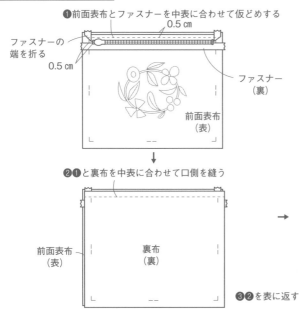

❶前面表布とファスナーを中表に合わせて仮どめする
0.5㎝

ファスナーの
端を折る

0.5㎝

ファスナー
（裏）

前面表布
（表）

❷❶と裏布を中表に合わせて口側を縫う

前面表布
（表）

裏布
（裏）

❸❷を表に返す

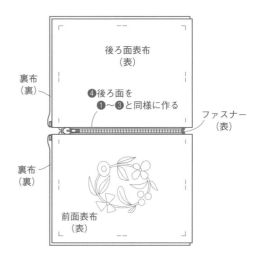

後ろ面表布
（表）

裏布
（裏）

❹後ろ面を
❶〜❸と同様に作る

ファスナー
（表）

裏布
（裏）

前面表布
（表）

図案	・実物大
	・数字は刺しゅう糸の色番号
	・刺しゅう糸は6本どり
	・パンチニードルの目盛りは2

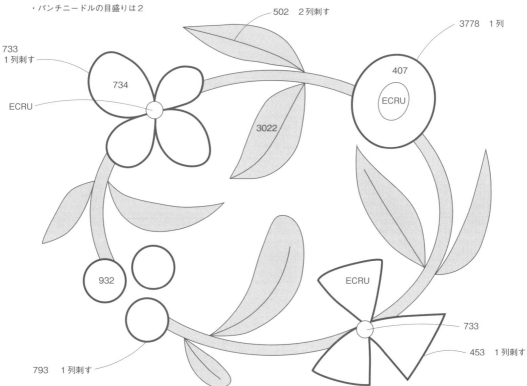

502　2列刺す

3778　1列

733
1列刺す

734

407

ECRU

ECRU

3022

932

ECRU

733

793　1列刺す

453　1列刺す

3 まとめる

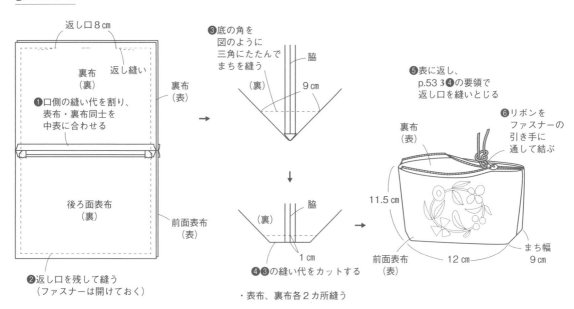

返し口8cm

返し縫い

裏布
（裏）

❶口側の縫い代を割り、
表布・裏布同士を
中表に合わせる

裏布
（表）

後ろ面表布
（裏）

前面表布
（表）

❷返し口を残して縫う
（ファスナーは開けておく）

❸底の角を
図のように
三角にたたんで
まちを縫う

（裏）

脇

9cm

（裏）

脇

1cm

❹❸の縫い代をカットする

・表布、裏布各2カ所縫う

❺表に返し、
p.53 ❸❹の要領で
返し口を縫いとじる

❻リボンを
ファスナーの
引き手に
通して結ぶ

裏布
（表）

11.5cm

前面表布
（表）

12cm

まち幅
9cm

スノーカラーの巾着ポーチ

●**材料**
表布…コーデュロイ 70×40 cm
裏布…シーチング 50×30 cm
DMC25番刺しゅう糸…
　　　ECRU　5束
　　　イエロー系　3047　1束
コード…0.2 cm径 1.4m
●**刺しゅう枠**
スクエアフープSサイズ

●**パンチニードルの順序**
1．中心の円形（3047）
2．周囲（ECRU）
●**作り方**
p.49と同様に作る
（コードの長さは各70 cm）

図案と型紙

・141％に拡大する（寸法は拡大後の長さ）　・[　]内の縫い代をつけて裁つ　・数字は刺しゅう糸の色番号
・刺しゅう糸は6本どり　・＜　＞内はパンチニードルの目盛り

[まわり1 cm]

コード通し口（表布＝☆）

本体
（表布・裏布各2枚）

ECRU　＜2＞　　3047　＜1＞

約24 cm

返し口（裏布）

約18 cm

小鳥と実のサンプラー

●材料
土台布…清原スタンダードリネン　レッド
DMC25番刺しゅう糸…
　　　　黒　310　10束
　　　　ECRU　4束
●刺しゅう枠　スクエアフープLサイズ

●パンチニードルの順序
1．葉・実・鳥
2．ループカット（実・鳥）

図案

・200%に拡大する
・数字は刺しゅう糸の色番号
・刺しゅう糸は6本どり
・＜　＞内はパンチニードルの目盛り
★＝ECRU　アウトライン・ステッチ（p.62）

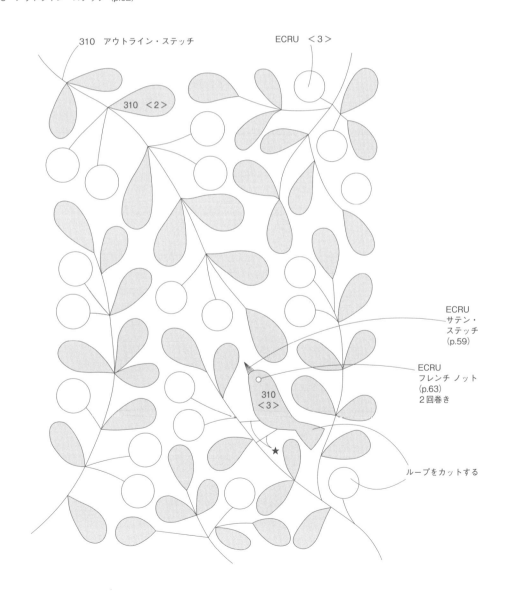

310　アウトライン・ステッチ

ECRU　＜3＞

310　＜2＞

ECRU
サテン・
ステッチ
（p.59）

ECRU
フレンチ ノット
（p.63）
2回巻き

310
＜3＞

★

ループをカットする

小鳥と実のグラニーバッグ

●材料
表布…清原スタンダードリネン
　　　ブラック 100×60 cm
裏布…シーチング 70×35 cm
DMC25 番刺しゅう糸…
　　　グリーン系　3818　9束
　　　白系　3866　5束
持ち手…直径 13 cm、内径 10 cmの円形を 1 組

●刺しゅう枠
スクエアフープ L サイズ

●パンチニードルの順序
1．葉・実・鳥
2．ループカット（実・鳥）

寸法図　［　］内は縫い代、指定以外は 1 cmつけて裁つ

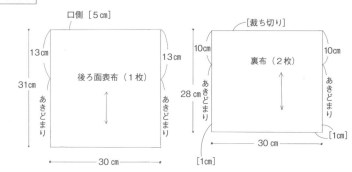

口側［5 cm］

13 cm　　後ろ面表布（1枚）　　13 cm

31 cm

あきどまり　　　　　　　　あきどまり

30 cm

［裁ち切り］

10 cm　　裏布（2枚）　　10 cm

28 cm

あきどまり　　　　　　　　あきどまり

30 cm

［1cm］

［1cm］

図案

・200％に拡大する
・数字は刺しゅう糸の色番号
・刺しゅう糸は6本どり
・＜　＞内はパンチニードルの目盛り
★＝3818　アウトライン・ステッチ（p.62）
◇＝3818　サテン・ステッチ（p.59）
◆＝3818　フレンチノット　2回巻き（p.63）

3818　アウトライン・ステッチ

3866　＜3＞

3818　＜2＞

3866
＜3＞

ループを
カットする

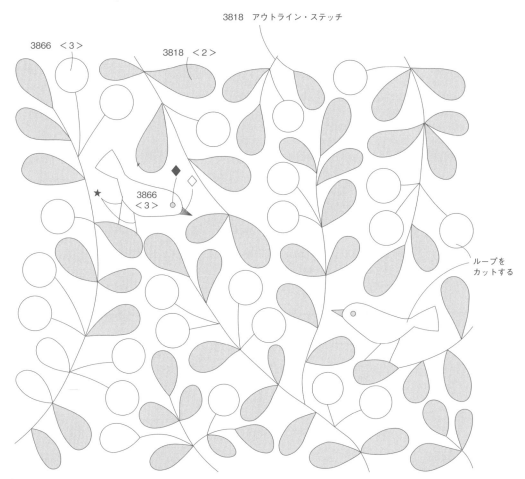

1 表袋を作る

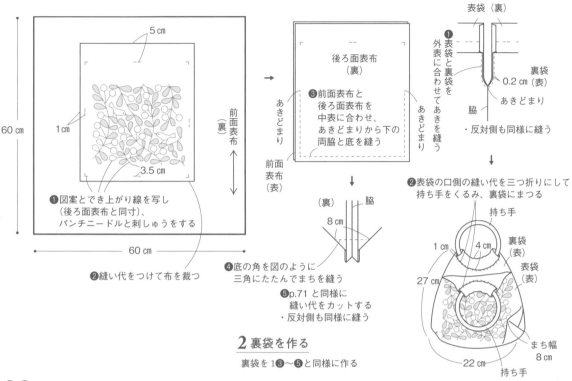

60 cm

5 cm

1 cm

3.5 cm

❶ 図案とでき上がり線を写し
（後ろ面表布と同寸）、
パンチニードルと刺しゅうをする

60 cm

❷ 縫い代をつけて布を裁つ

前面表布
（裏）

後ろ面表布
（裏）

❸ 前面表布と
後ろ面表布を
中表に合わせ、
あきどまりから下の
両脇と底を縫う

あきどまり

前面
表布
（表）

（裏）　脇

8 cm

❹ 底の角を図のように
三角にたたんでまちを縫う

❺ p.71 と同様に
縫い代をカットする
・反対側も同様に縫う

2 裏袋を作る

裏袋を1**❸**〜**❺**と同様に作る

3 まとめる

表袋（裏）

❶ 表袋と裏袋を
外表に合わせてあきどまり
まで縫う

裏袋（表）

0.2 cm

脇

あきどまり

・反対側も同様に縫う

❷ 表袋の口側の縫い代を三つ折りにして
持ち手をくるみ、裏袋にまつる

持ち手

1 cm　　4 cm

裏袋
（表）

表袋
（表）

27 cm

まち幅
8 cm

22 cm

持ち手

p.35

白うさぎのオーナメント

●材料（A〜C 各1点、計3点分）
前面…厚手シーチング 40×20 cm
後ろ面…フェルト 20 cm四方を1枚
DMC25 番刺しゅう糸…
ECRU　4束
ブラウン系　355　1束
●刺しゅう枠　スクエアフープSサイズ

●パンチニードルの順序
1．ボディ
2．しっぽ
●作り方
p.77 と同様に作る
（ひもは刺しゅう糸 40 cmで作る。
でき上がり長さ約 16 cm）

図案　・200%に拡大する（寸法は拡大後の長さ）　・数字は刺しゅう糸の色番号
・p.77 の1**❶**と同様に3点を、2 cm以上間隔をあけて1枚の布に配置して刺す
・刺しゅう糸は6本どり　・<　>内はパンチニードルの目盛り

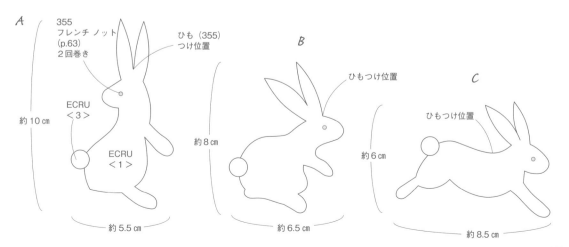

A

355
フレンチ ノット
(p.63)
2回巻き

ひも（355）
つけ位置

ECRU
<3>

ECRU
<1>

約 10 cm

約 5.5 cm

B

ひもつけ位置

約 8 cm

約 6.5 cm

C

ひもつけ位置

約 6 cm

約 8.5 cm

p.42

聖夜のオーナメント

●材料（*A*〜*E* 各1点、計5点分）
前面…厚手シーチング 40 cm四方
後ろ面…フェルト 20 cm四方を2枚
DMC25番刺しゅう糸…
　　　ECRU　10束
　　　ブルー系　3809　6束、924　3束
●刺しゅう枠
スクエアフープＳサイズ

●パンチニードルの順序
1．模様の輪郭
2．模様の内側
3．ECRU の部分

図案	・141％に拡大する（寸法は拡大後の長さ）　・数字は刺しゅう糸の色番号
	・刺しゅう糸は6本どり　・パンチニードルの目盛りは2

1 前面を作る

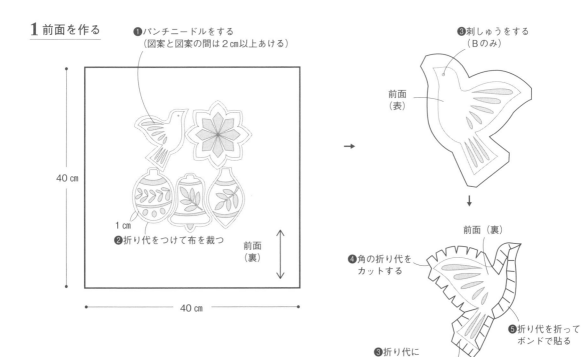

❶パンチニードルをする
（図案と図案の間は2cm以上あける）

❷折り代をつけて布を裁つ

40cm

40cm

1cm

前面
（裏）

❸刺しゅうをする
（Bのみ）

前面
（表）

前面（裏）

**❹角の折り代を
カットする**

**❺折り代を折って
ボンドで貼る**

**❸折り代に
切り込みを入れる**

ひもの作り方

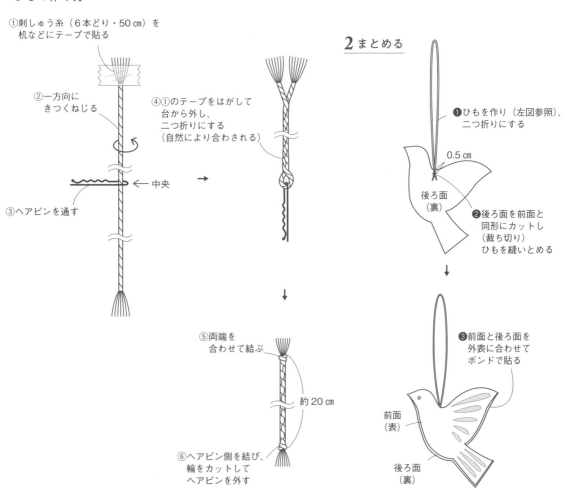

①刺しゅう糸（6本どり・50cm）を
机などにテープで貼る

②一方向に
きつくねじる

←中央

③ヘアピンを通す

④①のテープをはがして
台から外し、
二つ折りにする
（自然により合わされる）

⑤両端を
合わせて結ぶ

約20cm

⑥ヘアピン側を結び、
輪をカットして
ヘアピンを外す

2 まとめる

**❶ひもを作り（左図参照）、
二つ折りにする**

0.5cm

後ろ面
（裏）

**❷後ろ面を前面と
同形にカットし
（裁ち切り）
ひもを縫いとめる**

**❸前面と後ろ面を
外表に合わせて
ボンドで貼る**

前面
（表）

後ろ面
（裏）

鳩と黄色い実のドイリー

●材料（1点分）
前面…厚手シーチング 40 cm四方
後ろ面…フェルト 20 cm四方
DMC25 番刺しゅう糸…
　　　　A　パープル系　28　6束
　　　　　　ECRU　6束
　　　　　　ブルー系　924　3束、926　2束
　　　　B　グレー系　03　6束、3799　3束
　　　　　　イエロー系　165　2束
●刺しゅう枠
スクエアフープＳサイズ

●パンチニードルの順序
A　1．鳩・葉・実
　鳩…①羽のライン
　　　　②目・くちばし
　　　　③ボディ
　　2．茎・枝
　　3．背景
B　1．実・枝
　　2．背景
●作り方
p.77 の 1 ❶❷❹❺、2 ❷（ひもは
つけない）❸と同様に作る

図案　・200％に拡大する（寸法は拡大後の長さ）
　　　・数字は刺しゅう糸の色番号
　　　・刺しゅう糸は6本どり
　　　・パンチニードルの目盛りは2

A

約 13.5 cm

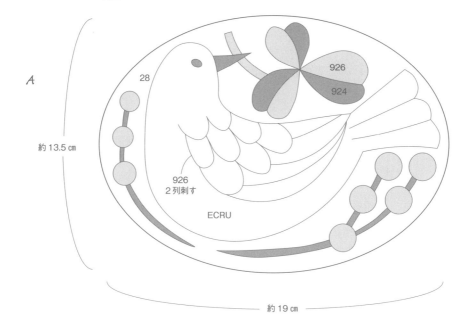

約 19 cm

B

約 11 cm

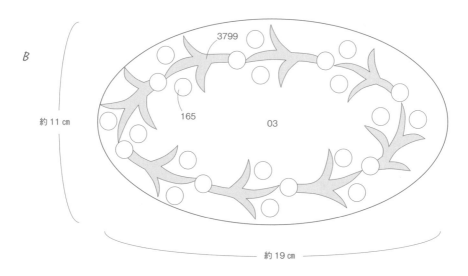

約 19 cm

森に棲むふくろうの壁飾り

●材料

前面…厚手シーチング60㎝四方

後ろ面…フェルト20×30㎝

DMC25番刺しゅう糸…

　　　　グレー系　04　4束

　　　　　　　　　3024　1束

　　　　ブルー系　927、3808、3809　各4束

　　　　　　　　　924　3束

　　　　　　　　　926　1束

　　　　レッド系　815、3721　各1束

革テープ…0.2㎝幅を9㎝

●刺しゅう枠

スクエアフープLサイズ

●パンチニードルの順序

1．ふくろう・花・実・葉

　　ふくろう…①輪郭

　　　　　　　②模様など

　　　　　　　　細かい部分

　　　　　　　③地の部分

　　花・実・葉…①茎

　　　　　　　　②花・実の内側

　　　　　　　　③花と実の外側・

　　　　　　　　　葉

2．背景

●作り方

p.67と同様に作る

図案

・141％に拡大する（寸法は拡大後の長さ）

・数字は刺しゅう糸の色番号

・刺しゅう糸は6本どり

・＜　＞内はパンチニードルの目盛り、

　指定以外は2

☆＝04　★＝926

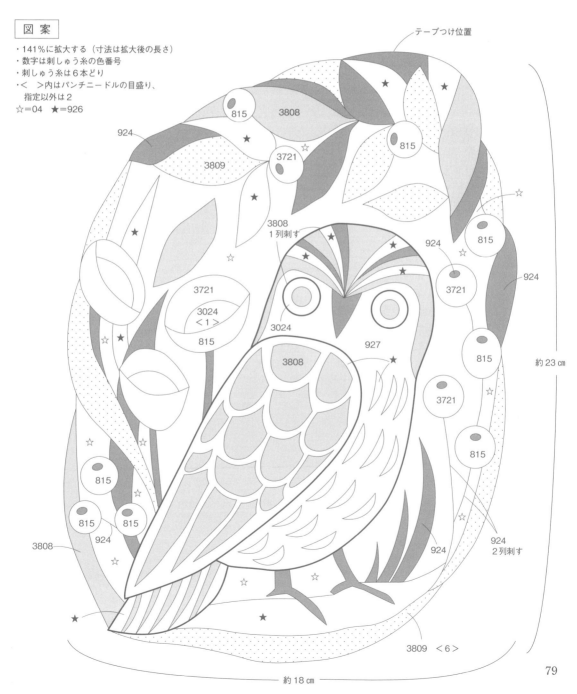

79

マカベアリス

刺しゅう作家。
手芸誌への作品提供、書籍の出版を中心に、キット販売や刺しゅうアイテムのデザインなど多方面で活躍中。著書に『マカベアリスの刺繍物語』（主婦と生活社）、『歌えないことりといのちの木』（ミルトス）、『植物刺繍手帖』（日本ヴォーグ社）など多数。季節の流れの中で感じた小さな気づきや驚き、喜びを形にしていけたらと、針を動かす毎日。
https://makabealice.jimdofree.com/

staff

ブックデザイン	横田洋子
撮影	落合里美
	有馬貴子（本社写真編集室）
スタイリング	南雲久美子
原稿整理	吉田 彩
トレース	吉田 彩　下野彰子
校閲	滄流社
編集	山本晶子
編集担当	山地 翠

素材提供

ディー・エム・シー株式会社
（25番刺しゅう糸・パンチニードルペン・スクエアフープ・丸い刺しゅう枠・フランス刺しゅう針）
☎ 03-5296-7831
https://www.dmc.com

清原株式会社
（KOF-01 スタンダードリネン）
☎ 06-6252-4735
https://www.kiyohara.co.jp/store

クロバー株式会社
（複写紙）
☎ 06-6978-2277（お客様係）
https://clover.co.jp

マカベアリスの
パンチニードルレッスン帖

著　者	マカベアリス
編集人	石田由美
発行人	倉次辰男
発行所	株式会社主婦と生活社

〒 104-8357　東京都中央区京橋 3-5-7
編集部 ☎ 03-3563-5361　FAX.03-3563-0528
販売部 ☎ 03-3563-5121
生産部 ☎ 03-3563-5125
https://www.shufu.co.jp/

製版所	東京カラーフォト・プロセス株式会社
印刷所	大日本印刷株式会社
製本所	株式会社若林製本工場

ISBN978-4-391-16097-0
© マカベアリス 2024 Printed in Japan